50 bolos veganos

50 bolos veganos

Delícias doces para o dia a dia e ocasiões especiais

Katia Cardoso

Fotos de Cesar Godoy

EDITORA
ALAÚDE
Rio de Janeiro, 2024

50 bolos veganos

ISBN: 978-85-7881-626-1.

Impresso no Brasil – 1a Edição, 2024 – Edição revisada conforme o Acordo Ortográfico da Língua Portuguesa de 2009.

A autora gostaria de agradecer às seguintes empresas pelo empréstimo do material utilizado na produção das fotos:Anna Wilma Decorações, guardanapos - Olaria Paulistana, fundo de madeira - Stella Ferraz, pratos e utensílios de cerâmica - Tok&Stok, bandejas, pratos, xícaras, guardanapos, talheres e espátulas.

Dados Internacionais de Catalogação na Publicação (CIP)

(BENITEZ Catalogação Ass. Editorial, MS, Brasil)

C265c

1.ed. Cardoso, Kátia

50 bolos veganos : delícias doces para o dia a dia e ocasiões especiais / Kátia Cardoso. – 1.ed. – Rio de Janeiro : Alaúde, 2024.

136 p.; 15,7 x 21 cm.

ISBN 978-85-7881-626-1

1. Bolos veganos. 2. Culinária (Bolos e doces). 3. Dieta vegana. 4. Receitas veganas. 5. Veganismo. I. Título.

08-2024/18 CDD 641.5636

Índice para catálogo sistemático:

1. Bolos : Receitas : Culinária vegana 641.5636

Aline Graziele Benitez – Bibliotecária – CRB-1/3129

Produção Editorial: Grupo Editorial Alta Books
Diretor Editorial: Anderson Vieira
Editor da Obra: Ibraíma Tavares
Vendas Governamentais: Cristiane Mutüs
Gerência Comercial: Claudio Lima

Produtora Editorial: Gabriela Paiva
Preparação do texto: Patrícia Vilar, Luiz Vilar - Studio Ab Aeterno
Revisão: Edite Sierget, Paulo H. Aragão
Diagramação, capa e fotografia: Cesar Godoy

ALTA BOOKS
GRUPO EDITORIAL

Rua Viúva Cláudio, 291 – Bairro Industrial do Jacaré
CEP: 20.970-031 – Rio de Janeiro (RJ)
Tels.: (21) 3278-8069 / 3278-8419
www.altabooks.com.br – altabooks@altabooks.com.br
Ouvidoria: ouvidoria@altabooks.com.br

Editora **afiliada à:**

ASSOCIADO

Sumário

Tempos de aprendizado

Sem dúvida, 2020 e 2021 foram anos de muita transformação e aprendizado para todos nós. Este livro, por exemplo, foi pensado antes da pandemia, testado durante ela e só saiu realmente quando tudo estava um pouco mais tranquilo, no fim de 2021.

Então, ele é resultado de meses de isolamento social. Mas também de muita dedicação e superação.

Explico a razão: antes deste livro, meus bolos eram muito ruins. Uns não assavam direito, outros ficavam muito secos. Confesso que, em alguns momentos, eu mesma questionei a decisão de fazer um livro só de bolos. Diversas vezes pensei: "o que eu tinha em mente quando dei a ideia de criar 50 receitas de bolo?"

Este livro, portanto, é uma vitória. Vitória da persistência, de muita leitura e, especialmente, de dedicação.

Ainda consigo lembrar a expectativa de tirar o primeiro bolo do forno e ver que tinha dado certo. Foi uma satisfação muito grande imaginar que pudesse estar mais perto do objetivo de dar forma a este projeto. Por isso, para quem diz que não tem mão para a cozinha, especialmente para fazer bolos, eu respondo, pela minha experiência, que podemos, sim, desafiar nossos limites. Com muita leitura, pesquisas, referências e testes, dá para chegar à receita certa para o seu paladar, com bolos macios e fofinhos — o que todo mundo realmente quer.

A cozinha vegana tem algumas especificidades. Eu, particularmente, continuo não gostando e não usando corantes artificiais, ingredientes muito condimentados e ultraprocessados. Questão de escolha.

Prefiro fazer coisas mais naturais porque, na correria do dia a dia, a gente já apela para um ou outro industrializado. Então, quando temos tempo, por que não aproveitar os ingredientes mais frescos?

Por isso, usei leite de coco caseiro e suco natural de frutas para preparar as receitas. Nada de espessantes ou outros ingredientes muito complicados.

Nestas páginas, quis, mais uma vez, trazer referências da minha infância e da minha mãe, uma cozinheira de mão-cheia. Em muitas tardes da minha infância, eu e meus irmãos éramos surpreendidos com um bolinho simples para tomar o café da tarde, que ela preparava usando leite de coco. Quando fecho os olhos e penso, ainda consigo sentir o sabor daquele bolo. Quando começava a assar, o cheirinho ia tomando conta de todo o ambiente e despertando a vontade e a imaginação de cada um de nós.

É por isso que sempre digo que bolo é comida de aconchego, tem gosto, cheiro e jeito de colo de mãe. Foi justamente esse clima que eu e o fotógrafo Cesar Godoy queríamos transmitir nas fotos que fizemos. Elas têm poucos objetos na produção. Afinal, a ideia era que o destaque da foto fosse o bolo, não os utensílios. Simples assim.

Espero que você goste deste livro e tenha o mesmo prazer que eu tive em criar cada receita.

Lembre-se de que a cozinha é um campo de experimentações. Não existe mão boa ou ruim para bolo. Existe, sim, dedicação, persistência, aprendizado.

Cozinha é alquimia. Então, não tenha medo de errar. Use estas receitas para criar as suas preferidas depois que tiver conseguido entender alguns mistérios da massa de bolo (veja as dicas nas pp. 8-10).

Quando falamos em receitas — e receitas sem crueldade — a imaginação de cada um é o limite.

Bom mergulho neste meu novo mundo de sabores doces.

Katia Cardoso

Dicas que facilitam sua vida na cozinha ao preparar bolos

Ao fazer este livro, pensar nas receitas, pesquisá-las e testá-las, aprendi algumas lições que divido com você. Antes de colocar a mão na massa, leia com atenção estas dicas para ter um resultado ainda melhor em seus bolos.

use sempre as medidas-padrão, que estão na p. 11. Isso é importante porque não usá-las altera o resultado da receita com grandes chances de dar errado. Ou seja, não vale usar as xícaras e as colheres que você tem em casa. Use apenas os conjuntos de xícaras e colheres medidoras, que seguem um tamanho padrão: uma xícara equivale a 240 ml de líquidos (água, azeite, óleo, leite vegetal); uma colher de sopa, a 15 ml e uma colher de chá, a 5 ml.

como calcular frações nas receitas? É fácil. Tem dúvidas de quanto é ⅔ ou ¾? Faça assim: use duas medidas de ⅓ para obter o equivalente a ⅔. Da mesma forma, três medidas de ¼ equivalem a ¾. Simples, não? Por isso é importante usar as medidas-padrão.

os ingredientes secos (farinha de trigo, açúcar, cacau em pó, amido de milho etc.) devem sempre ser peneirados. Isso evita grumos na massa e a deixa mais leve. Todas as receitas deste livro tiveram os ingredientes secos peneirados, mesmo quando isso não é citado na receita.

ao preparar uma massa, especialmente de bolos, sempre preaqueça o forno por cerca de 15 minutos em fogo baixo antes de colocá-la para assar. Assim, quando levar a massa ao forno, ela sofrerá um choque térmico que vai ajudar a ativar o fermento, fazendo o bolo crescer e ficar mais macio.

jamais abra o forno para olhar o bolo antes de 30 minutos de cozimento (quando ele já deve ter crescido). Em geral, este também é o tempo que o bolo leva para assar, ficar estruturado e espalhar seu cheiro pela casa.

cuidado com a forma de mexer ou misturar os ingredientes de uma massa. Em geral, bolos veganos são misturados delicadamente, especialmente quando adicionamos o fermento. Caso contrário, a massa fica pesada e até com bolhas que deixam o bolo com buracos depois de assado.

depois de colocar a massa crua na fôrma, bata a fôrma levemente duas ou três vezes, sobre a bancada de trabalho. Isso elimina as bolhas de ar que são criadas quando enformamos a massa.

use preferencialmente fôrmas antiaderentes ou de silicone, pois elas facilitam o ato de desenformar os bolos, sendo que algumas nem precisam ser untadas.

se quiser um bolo com a superfície regular e lisa, unte apenas o fundo da fôrma. Se prefere um bolo mais alto no meio e rachado no centro, unte-a totalmente (fundo e laterais).

lembre-se de que a temperatura do forno varia de acordo com o fogão, o tipo de gás usado (encanado ou de botijão) e a regulagem do forno. Portanto, os tempos descritos neste livro são aproximados.

na dúvida se o bolo está assado, faça o teste do palito. Passados os 30 minutos em que você já pode abrir o forno, abra-o e faça o teste espetando um palito no centro do bolo. Se o palito sair seco, o bolo está assado.

a não ser que a receita peça o contrário, use sempre ingredientes em temperatura ambiente.

neste livro, quando uso a palavra “purê” estou me referindo à fruta ou ao legume amassado.

a massa vegana não fica muito líquida. Ela é semelhante a um creme mais espesso.

ao adicionar o fermento à massa do bolo, misture-o levemente, com movimentos circulares de baixo para cima. Neste livro, optei por usar o fermento químico em pó em substituição ao bicarbonato. Não gosto, particularmente, do sabor das receitas de bolo com bicarbonato. Mas é uma preferência pessoal.

ao adicionar o suco ou o vinagre, também não misture muito. Faça isso levemente ou corremos o risco de a massa, excessivamente misturada, não crescer.

se quiser um bolo mais molhadinho, capriche nas caldas com leite de coco caseiro ou suco de frutas natural. Sempre fica muito bom!

Tabela de conversão de medidas

Farinha de trigo (integral e branca) e farinha de arroz

1 xícara – 120 g
1 colher (sopa) – 7,5 g
1 colher (chá) – 2,5 g

açúcar de coco

1 xícara – 200 g
1 colher (sopa) – 12,5 g
1 colher (chá) – 4,5 g

açúcar demerara

1 xícara – 230 g
1 colher (sopa) – 14,5 g
1 colher (chá) – 4,5 g

aveia

1 xícara – 160 g
1 colher (sopa) – 7 g
1 colher (chá) – 2,5 g

líquidos (água, óleo, azeite, leite vegetal etc.)

1 xícara – 240 ml
1 colher (sopa) – 15 ml
1 colher (chá) – 5 ml

bolos simples, mas nem tanto

receitas com um toque especial

bolo de limão-siciliano

tempo de preparo 50 minutos
rende 8 fatias

massa

2½ xícaras de farinha de trigo
1 xícara de açúcar
6 colheres (sopa) de óleo
1 xícara de suco de limão-siciliano
1 xícara de água
Raspas da casca do limão-siciliano a gosto (sem a parte branca)
1 colher (sopa) de fermento químico em pó

glacê

1 xícara (chá) de açúcar de confeiteiro
1 colher (sopa) de suco de limão-siciliano coado
Raspas da casca do limão-siciliano

1 Preaqueça o forno a 180 °C.

2 Em uma tigela, misture a farinha, o açúcar e o óleo. Depois, junte o suco de limão-siciliano e a água e misture bem. Acrescente as raspas da casca do limão e misture. Coloque o fermento e misture delicadamente de baixo para cima.

3 Transfira a massa para uma fôrma redonda, de buraco no meio, de 20 cm de diâmetro, untada, e asse por 40 minutos ou até que, ao espetar um palito, ele saia seco. Aguarde amornar e desenforme.

4 Agora, prepare o glacê misturando bem o açúcar e o suco de limão. Despeje sobre o bolo ainda morno e decore com as raspas da casca do limão.

bolo de tangerina com calda de tangerina

tempo de preparo 1 hora
rende 8 fatias

massa

2 xícaras de farinha de trigo integral
1 xícara de farinha de trigo branca
1½ xícara de açúcar demerara
2 xícaras de suco de tangerina natural (bata 3 tangerinas grandes no liquidificador, retirando os caroços antes, e coe, reservando as cascas)
½ xícara de óleo
1 colher (chá) de gengibre em pó
1 colher (sopa) de fermento químico em pó

calda

Casca das 3 tangerinas cortadas em tiras finas
1 colher (chá) de vinagre de maçã
½ colher (chá) de gengibre em pó
1 xícara de açúcar demerara
2 xícaras de suco de tangerina

1 Preaqueça o forno a 180 °C.
2 Comece pela massa. Em uma tigela, peneire as farinhas e o açúcar e misture bem com uma espátula. Acrescente o suco de tangerina e o óleo e misture novamente. A seguir, adicione o gengibre em pó e mexa para integrá-lo na massa. Por fim, coloque o fermento e misture delicadamente de baixo para cima.
3 Transfira a massa para uma fôrma redonda, de buraco no meio, de 20 cm de diâmetro, untada com óleo e polvilhada com farinha de trigo. Leve ao forno médio por 45 minutos ou até que, ao espetar um palito, ele saia seco. Espere esfriar para desenformar.
4 Para fazer a calda, coloque as cascas da tangerina em uma panela com água suficiente para cobri-las e adicione o vinagre. Leve ao fogo médio e espere ferver. Quando levantar fervura, retire do fogo, escorra bem em uma peneira e lave em água corrente, deixando escorrer novamente.
5 Volte as cascas para a panela, adicione o gengibre e o açúcar e leve ao fogo baixo. Quando começar a caramelizar, adicione o suco de tangerina com cuidado. Mexa ligeiramente e deixe em fogo baixo até o volume reduzir um pouco. Despeje essa calda sobre o bolo desenformado e sirva.

bolo de tangerina com calda de tangerina (pp. 16-17)

bolo de abacaxi com coco no pote (pp. 20-21)

bolo de abacaxi com
coco no pote

tempo de preparo 3 horas (+ 2 horas de geladeira e 12 horas para demolhar as castanhas-de-caju)
rende 6 porções

massa

2 xícaras de farinha de trigo
1 xícara de açúcar
½ xícara de óleo
1 xícara de leite de coco caseiro (p. 129)
½ xícara de leite vegetal
1 colher (sopa) de fermento químico em pó
1 colher (sopa) de suco de limão coado

creme

2 xícaras de castanhas-de-caju
1½ xícara de suco de abacaxi coado
2 colheres (sopa) de açúcar
1 colher (sopa) de óleo de coco
1 abacaxi pequeno sem casca (metade cortado em rodelas e metade picado em cubos pequenos)
Raspas de casca de limão-siciliano a gosto

1 Coloque as castanhas-de-caju para o creme em uma tigela, cubra-as com água fria e deixe de molho por 12 horas.
2 Preaqueça o forno a 180 °C.
3 Em uma tigela, misture bem a farinha, o açúcar, o óleo e os dois tipos de leite. Acrescente o fermento e misture delicadamente de baixo para cima. Por fim, acrescente o suco de limão e misture levemente, o suficiente para incorporá-lo na massa. Transfira a massa para uma fôrma quadrada, com 20 cm de lateral untada e leve ao forno por 45 minutos ou até que, ao espetar um palito, ele saia seco. Espere esfriar para desenformar.
4 Para fazer o creme, escorra bem as castanhas em uma peneira sob a água fria. Leve-as ao liquidificador e bata com 1 xícara do suco de abacaxi (reserve ½ xícara para a montagem) até virar um creme. Junte o açúcar e o óleo e bata mais um pouco, até virar um creme espesso (com uma espátula, ajude a tirar o creme que grudar no copo do liquidificador). Transfira para uma tigela, coloque o abacaxi em cubos e as raspas de casca de limão, misturando. Reserve na geladeira, coberto com filme de PVC, até o momento de montar o bolo.
5 Aqueça uma frigideira antiaderente e doure as rodelas de abacaxi dos dois lados em fogo baixo. Se preciso, polvilhe as fatias com um pouco de açúcar para deixá-las levemente caramelizadas. Reserve.
6 Desenforme o bolo e corte-o com o diâmetro da boca dos potes ou copos em que você vai servir. Monte dentro dos potes camadas alternadas de bolo, regadas com colheradas do suco de abacaxi reservado e um pouco do creme por cima. Sobre a última camada, acomode um pedaço de abacaxi caramelizado e salpique as raspas de casca de limão. Leve os potes à geladeira, cobertos com filme de PVC, até o momento de servir.

bolo de baunilha com amoras

tempo de preparo 1 hora
rende 8 fatias

1½ xícara de açúcar
2 xícaras de farinha de trigo integral
1 xícara de farinha de trigo branca
2 xícaras de leite vegetal
2 colheres (sopa) de essência de baunilha
½ xícara de óleo de coco
1 colher (sopa) de fermento químico em pó
1 colher (sopa) de suco de laranja
300 g de amoras frescas

1 Preaqueça o forno a 180 °C.

2 Em uma tigela, misture o açúcar com as farinhas. Em seguida, acrescente o leite, a baunilha e o óleo e misture bem. Adicione o fermento e misture delicadamente de baixo para cima. Por fim, acrescente o suco de laranja e mexa levemente, o suficiente para incorporá-lo na massa. Passe as amoras em um pouco de farinha de trigo e espalhe-as sobre a massa.

3 Transfira a massa para uma fôrma redonda, de buraco no meio, de 20 cm de diâmetro, untada, e leve ao forno por 45 minutos ou até que, ao espetar um palito, ele saia seco. Se desejar, polvilhe o açúcar de confeiteiro antes de servir e decore com mais amoras frescas.

bolo de maracujá com calda de maracujá

tempo de preparo 55 minutos
rende 8 fatias

calda

½ xícara de açúcar
1 xícara de suco de maracujá
Polpa de 1 maracujá

massa

1 xícara de açúcar
2 xícaras de suco natural de maracujá (sem as sementes)
3 xícaras de farinha de trigo
½ xícara de óleo
1 colher (sopa) de fermento químico em pó
1 colher (sopa) de vinagre

1 Preaqueça o forno a 180 °C.
2 Comece pelo preparo da calda. Coloque o açúcar, o suco de maracujá e a polpa em uma panela, misture e leve ao fogo médio, mexendo às vezes, por aproximadamente 20 minutos ou até a calda reduzir um pouco. Reserve.
3 Em uma tigela, dissolva o açúcar no suco de maracujá. Em seguida, adicione a farinha peneirada e o óleo e mexa. Coloque o fermento e misture delicadamente de baixo para cima. Por fim, acrescente o vinagre e mexa levemente.
4 Transfira para uma fôrma de bolo inglês, com 25 cm de comprimento, untada e polvilhada com farinha, e leve ao forno por 45 minutos ou até que, espetando um palito, ele saia seco. Aguarde esfriar, desenforme e sirva acompanhado da calda.

bolo de abacaxi

tempo de preparo 1 hora
rende 8 fatias

calda

1 abacaxi pequeno descascado e cortado em rodelas de 2 cm
1 xícara de açúcar demerara

massa

1 xícara de suco de abacaxi coado
2 colheres (sopa) de água
2 colheres (sopa) de óleo
1 1/2 xícara de farinha de trigo
1/3 de xícara de açúcar demerara
2 colheres (chá) de canela em pó
1 colher (sopa) de fermento químico em pó

1 Preaqueça o forno a 180 °C.
2 Comece preparando a calda. Coloque metade da quantidade de rodelas de abacaxi em uma panela e leve ao fogo baixo com o açúcar, mexa às vezes, com cuidado para não desmanchar a fruta, e deixe até caramelizar. Disponha essa calda, com as rodelas de abacaxi, no fundo de uma fôrma redonda, de 20 cm de diâmetro, com fundo removível, untada com óleo, e reserve.
3 Para fazer a massa, bata o restante do abacaxi no liquidificador até formar um suco. Coe e reserve o líquido.
4 Em uma tigela, misture os ingredientes líquidos da massa e, em outra, misture a farinha, o açúcar e a canela. Em seguida, junte os líquidos aos secos, mexendo sem bater, até ficar uma massa homogênea. Por último, acrescente o fermento e misture delicadamente de baixo para cima, também sem bater.
5 Coloque cuidadosamente a massa na fôrma sobre as rodelas de abacaxi e leve ao forno por 45 minutos ou até que, ao espetar um palito, ele saia seco. Espere amornar e desenforme.

bolo de maçã com canela e especiarias

tempo de preparo 50 minutos
rende 8 fatias

- 3 maçãs gala sem casca e sem sementes cortadas em cubos pequenos
- 1 xícara de farinha de trigo integral
- 1 xícara de farinha de trigo branca
- ¾ de xícara de açúcar mascavo
- 1 colher (sopa) de canela em pó
- 1 colher (chá) de cravo em pó
- ½ colher (chá) de noz-moscada ralada
- ½ colher (chá) de gengibre em pó
- 1½ xícara de suco de laranja
- ½ xícara de óleo
- ½ xícara de uvas-passas
- ½ xícara de ameixas sem caroço picadas
- ½ xícara de damascos picados
- 1 colher (sopa) de fermento químico em pó
- 1 colher (sopa) de suco de limão

1. Preaqueça o forno a 180 °C.
2. Coloque os cubos de maçã em uma tigela e cubra com água com algumas gotas de suco de limão, deixe de molho por 20 minutos. Passado o tempo, retire os cubos de maçã da água com limão, escorra e reserve.
3. Em uma tigela, misture bem as farinhas peneiradas, o açúcar, a canela, o cravo, a noz-moscada e o gengibre. Em seguida, junte a maçã escorrida, o suco de laranja e o óleo. Mexa até formar uma mistura homogênea. Adicione as uvas-passas, as ameixas e os damascos e incorpore-os bem à massa. Depois, acrescente o fermento e misture delicadamente de baixo para cima. Junte o suco de limão e misture levemente, o suficiente para incorporá-lo à massa.
4. Transfira a massa para uma fôrma de bolo inglês, com 25 cm de comprimento, e leve ao forno por 40 minutos ou até que, ao espetar um palito, ele saia seco. Espere amornar, desenforme e sirva polvilhado com um pouco de açúcar e canela misturados.

bolo mesclado

tempo de preparo 55 minutos
rende 8 fatias

- 2 xícaras de farinha de trigo integral
- ½ xícara de farinha de trigo branca
- 1 xícara de açúcar demerara
- 2 xícaras de leite de coco caseiro (p. 129)
- ½ xícara de óleo
- 1 colher (sopa) de fermento químico em pó
- 1 colher (sopa) de suco de limão coado
- ½ xícara de cacau em pó
- Açúcar de confeiteiro para decorar

1. Preaqueça o forno a 180 °C.
2. Em uma tigela, misture bem as farinhas e o açúcar. Em seguida, acrescente o leite e misture novamente. Depois, coloque o óleo e mexa até integrar. Acrescente o fermento e misture delicadamente de baixo para cima. Por fim, coloque o suco de limão coado e misture levemente, o suficiente para incorporá-lo na massa.
3. Coloque metade da massa em uma fôrma redonda, de buraco no meio, de 20 cm de diâmetro, untada e polvilhada com farinha de trigo. Na outra metade da massa, adicione o cacau em pó e misture até ele incorporar bem. Em seguida, coloque sobre a outra massa que já está na fôrma e, com a ajuda de um garfo, faça movimentos circulares para as massas se misturarem, mas não completamente.
4. Leve ao forno para assar por 45 minutos ou até que, ao espetar um palito, ele saia seco. Polvilhe com açúcar de confeiteiro antes de servir.

bolo de laranja com
calda de chocolate

tempo de preparo 50 minutos
rende 8 fatias

calda

½ xícara de suco de laranja coado
1½ colher (sopa) de açúcar de coco
½ xícara de chocolate vegano picado

massa

2 xícaras de farinha de trigo
1 xícara de aveia em flocos finos
½ xícara de açúcar
½ xícara de óleo
2 xícaras de suco natural de laranja coado
1 colher (sopa) de fermento químico em pó
Raspas ou gotas de chocolate vegano a gosto para decorar

1 Preaqueça o forno a 180 °C.

2 Comece pela calda. Em uma panela, coloque o suco de laranja, o açúcar e o chocolate e aqueça em fogo médio, mexendo até o chocolate derreter e a calda engrossar. Retire do fogo e reserve.

3 Em uma tigela, misture a farinha peneirada, a aveia e o açúcar. Em seguida, acrescente o óleo e o suco de laranja. Mexa até formar uma mistura homogênea. Adicione o fermento e misture delicadamente de baixo para cima. Transfira para uma fôrma quadrada, com 22 cm de comprimento, e asse por 40 minutos ou até que, ao espetar um palito, ele saia seco. Espere esfriar, desenforme e cubra com a calda. Decore com o chocolate em gotas ou em raspas.

Caso prefira uma calda de chocolate superprática, feita com leite vegetal, confira a receita na p. 130.

bolo de fubá com calda de goiabada

tempo de preparo 55 minutos
rende 8 fatias

massa

1½ xícara de leite de coco caseiro (p. 129)
⅓ de xícara de óleo
1½ xícara de fubá fino
⅓ de xícara de açúcar demerara
¼ de xícara de farinha de trigo
½ colher (sopa) de fermento químico em pó
1 colher (sopa) de suco de limão coado

cobertura

300 g de goiabada picada em cubos
1 xícara de água

Esta fôrma é conhecida no mercado como ballerina, ballerine ou piscina, pois o bolo, depois de assado e desenformado, fica com uma depressão na parte central.

1 Preaqueça o forno a 180 °C.
2 Em uma tigela, mescle o leite e o óleo até que fique uma mistura homogênea e reserve. Em outra tigela, misture o fubá, o açúcar e a farinha peneirada. Em seguida, junte essa mistura à tigela com os líquidos e mexa bem. Depois, acrescente o fermento e misture delicadamente de baixo para cima. Por fim, junte o suco de limão e mexa levemente, o suficiente para incorporá-lo na massa.
3 Transfira a massa para uma fôrma ballerine redonda, de 20 cm de diâmetro, untada com óleo e polvilhada com farinha de trigo, e asse por 40 minutos ou até que, ao espetar um palito, ele saia seco.
4 Para fazer a cobertura, coloque a goiabada e a água em uma panela, leve ao fogo médio e mexa até a goiabada derreter. Mantenha no fogo, mexendo às vezes, até engrossar. Retire do fogo e coloque sobre a parte central do bolo desenformado.

cuca de uva

tempo de preparo 1 hora
rende 8 fatias

massa

1 xícara de farinha de trigo branca
1/2 xícara de aveia em flocos finos
1/4 de xícara de açúcar de coco
1 xícara de leite coco caseiro (p. 129)
1/2 xícara de leite vegetal
uma pitada de sal
1 1/2 colher (sopa) de óleo
1 colher (sopa) de fermento químico em pó
1 colher (sopa) de suco de limão coado

farofa

6 colheres (sopa) de farinha de trigo integral
4 colheres (sopa) de açúcar de coco
1 1/2 colher (sopa) de óleo de coco
Canela em pó a gosto
1 xícara de uva do tipo vitória

1 Preaqueça o forno a 180 °C.

2 Em uma tigela, misture a farinha, a aveia e o açúcar. Em seguida, junte os dois tipos de leite, o sal e o óleo e mexa bem. Acrescente o fermento e misture delicadamente de baixo para cima. Por fim, adicione o suco de limão e misture levemente, o suficiente para incorporá-lo na massa.

3 Prepare a farofa. Em uma tigela, misture bem a farinha de trigo integral, o açúcar, o óleo e a canela em pó. Cubra o fundo de uma fôrma de bolo inglês, com 25 cm de comprimento, com essa farofa. Lave e seque bem as uvas e coloque-as sobre a farofa. Delicadamente, coloque a massa na fôrma.

4 Asse por 45 minutos ou até que, ao espetar um palito, ele saia seco. Espere amornar para desenformar.

bolo de abóbora com coco

tempo de preparo 1 hora
rende 8 fatias

1 xícara de leite de coco caseiro (p. 129)
½ xícara de óleo
2 xícaras de abóbora seca cozida e amassada
1 xícara de açúcar
2 xícaras de farinha de trigo
1 xícara de coco ralado
1 colher (chá) de gengibre em pó
1 colher (sopa) de fermento químico em pó
1 colher (sopa) de suco de limão

1 Preaqueça o forno a 180 °C.
2 Bata bem, no liquidificador, o leite, o óleo, a abóbora amassada e o açúcar, até os ingredientes formarem uma mistura homogênea. Transfira para uma tigela, acrescente a farinha, o coco ralado e o gengibre em pó e misture bem. Em seguida, adicione o fermento e misture delicadamente de baixo para cima. Por fim, coloque o suco de limão e mexa levemente, o suficiente para incorporá-lo na massa.
3 Transfira a massa para uma fôrma redonda, de 20 cm de diâmetro, com fundo removível, untada com óleo e polvilhada com farinha de trigo. Leve ao forno por 45 minutos ou até que, ao espetar um palito, ele saia seco. Desenforme ao amornar e salpique mais coco ralado, se desejar.

Experimente servir este bolo com uma calda de coco fresco feita com leite de coco caseiro (p. 129).

bolo de tapioca

tempo de preparo 55 minutos (+ 2 horas para hidratar a tapioca)
rende 8 fatias

½ xícara (chá) de tapioca granulada
½ xícara (chá) de leite de coco caseiro (p. 129)
1 xícara (chá) de leite vegetal
1 xícara (chá) de açúcar demerara
2 xícaras (chá) de farinha de trigo
3 colheres (sopa) de óleo
1 colher (sopa) de fermento químico em pó
1 colher (sopa) de suco de limão

1 Preaqueça o forno a 180 °C.
2 Coloque a tapioca e o leite de coco em uma tigela e deixe hidratando por 2 horas.
3 Passado o tempo de hidratação, na mesma tigela em que a tapioca está, junte o leite vegetal e o açúcar e misture bem. Adicione a farinha e o óleo e mexa bem. Coloque o fermento e misture delicadamente de baixo para cima. Por fim, adicione o suco de limão e misture levemente, o suficiente para incorporá-lo na massa.
4 Transfira a massa para uma fôrma redonda levemente untada, de buraco no meio, de 20 cm de diâmetro, e leve ao forno por 40 minutos ou até que, ao espetar um palito, ele saia seco. Espere amornar e desenforme para servir.

Você pode decorar com coco ralado ou lascas de coco fresco.

bolos sem glúten

para quem tem alergia ou intolerância

bolinhos de banana com aveia, passas e nozes

tempo de preparo 50 minutos
rende 2 unidades

2 bananas-prata sem casca amassadas
¼ de xícara de óleo de coco
4 colheres (sopa) de leite vegetal
2 colheres (sopa) de açúcar mascavo
1 xícara de aveia em flocos finos
½ xícara de uvas-passas
½ xícara de nozes picadas
1 colher (sopa) de canela em pó
1 colher (sopa) de fermento químico em pó
1 colher (sopa) de suco de laranja

1. Preaqueça o forno a 180 °C.
2. Em uma tigela, misture as bananas amassadas, o óleo, o leite e o açúcar. Em seguida, acrescente a aveia, as passas e as nozes e misture bem. Coloque a canela em pó e o fermento e misture delicadamente de baixo para cima. Por fim, adicione o suco de laranja e mexa levemente, o suficiente para incorporar na massa.
3. Distribua a massa em quatro forminhas redondas, de 13 cm de diâmetro, untadas com óleo, e leve ao forno por 40 minutos ou até que, ao espetar um palito, ele saia seco. Espere amornar, desenforme e sirva.

bolo de aipim

tempo de preparo 1 hora
rende 8 fatias

500 g de aipim cru (deixe de molho na água para não escurecer até o momento de usá-lo)
2 xícaras de coco ralado (reserve ½ xícara para polvilhar sobre o bolo)
¾ de xícara de açúcar demerara
1½ xícara de leite de coco caseiro (p. 129)
1 xícara de leite vegetal
1 colher (sopa) de óleo de coco
1 colher (sopa) de fermento químico em pó
1 colher (sopa) de suco de limão

1 Preaqueça o forno a 180 °C.
2 Escorra e descarte a água do molho do aipim e rale-o em um ralador grosso. Coloque o aipim ralado em um pano de prato limpo e seco e esprema para retirar o excesso de água e de goma. Transfira para uma tigela. Acrescente o coco ralado e o açúcar e misture. Junte os dois tipos de leite e mexa bem. Em seguida, adicione o óleo e mexa para integrá-lo na massa. Coloque o fermento e misture delicadamente de baixo para cima. Por fim, adicione o suco de limão e misture levemente, o suficiente para incorporá-lo na massa.
3 Transfira a massa para uma fôrma redonda, de buraco no meio, de 20 cm de diâmetro, untada com óleo e salpicada com coco ralado. Salpique mais coco ralado por cima da massa já na fôrma. Leve ao forno por 45 minutos ou até que, ao espetar um palito, ele saia seco. Assim que amornar, desenforme e sirva.

bolinhos de cacau com aveia e banana

tempo de preparo 45 minutos
rende 6 unidades

½ xícara de cacau em pó puro (sem adição de açúcar)
1 xícara de farinha de aveia
2 colheres (sopa) de óleo
½ xícara de banana e maçã sem cascas e sem sementes amassadas como purê
¾ de xícara de leite vegetal
1 colher (sopa) de fermento químico em pó
1 colher (sopa) de suco de limão
1 xícara de tâmaras e damascos picados (corte um damasco em tiras e reserve para decorar)

1. Preaqueça o forno a 180 °C.
2. Em uma tigela, misture o cacau em pó e a farinha. Em seguida, junte o óleo, o purê de frutas e o leite e mexa bem. Acrescente o fermento e misture delicadamente de baixo para cima. Depois, adicione o suco de limão e misture levemente, o suficiente para incorporá-lo na massa.
3. Distribua as tâmaras e os damascos picados em 8 forminhas de 7 cm. Por cima, despeje a massa. Leve ao forno por 40 minutos ou até que, ao espetar um palito, ele saia seco. Decore os bolinhos com as tiras de damasco reservadas.

Prepare o purê juntando uma banana prata pequena e meia maçã gala sem casca e sem sementes. Amasse bem para usar ou bata no processador.

muffins de morango com gotas de chocolate

tempo de preparo 40 minutos (+ 30 minutos para demolhar a linhaça)
rende 5 unidades

1 colher (sopa) de linhaça
3 colheres (sopa) de água morna
3 colheres (sopa) de farinha de amêndoa
1 colher (chá) de óleo
½ xícara de banana bem amassada
1 colher (chá) de açúcar
1 colher (chá) de essência de baunilha
½ colher (chá) de fermento químico em pó
½ colher (chá) de suco de laranja
½ xícara de morangos cortados ao meio
2 colheres (sopa) de gotas de chocolate vegano

1 Coloque a linhaça de molho na água morna por 30 minutos.
2 Preaqueça o forno a 180 °C.
3 Passado o tempo de demolha da linhaça, leve-a ao liquidificador, bata e reserve. Em uma tigela, misture a farinha, o óleo, a banana amassada, o açúcar, a essência de baunilha e a linhaça batida. Adicione o fermento e misture delicadamente de baixo para cima. Por último, coloque o suco de laranja e mexa levemente, o suficiente para incorporá-lo na massa.
4 Distribua os morangos cortados ao meio e as gotas de chocolate em 5 forminhas para muffins, de 7 cm de diâmetro, untadas. Por cima, ponha a massa. Leve ao forno por 25 minutos ou até que, ao espetar um palito, ele saia seco. Espere esfriar, desenforme e decore com mais morangos e gotas de chocolate.

Em vez das forminhas de muffins, você pode usar canecas pequenas que possam ir ao forno.

bolo de farinha de amêndoas com damasco

tempo de preparo 50 minutos
rende 6 fatias

2 xícaras de farinha de amêndoas
½ xícara de farinha de arroz
2 colheres (sopa) de óleo de coco
⅓ de xícara de açúcar demerara
1 xícara de leite vegetal
1 colher (chá) de essência de baunilha
1 colher (sopa) de fermento químico em pó
1 colher (sopa) de suco de limão
2 colheres (sopa) de coco ralado
20 damascos cortados em tiras (10 para decorar)

1 Preaqueça o forno a 180 °C.
2 Em uma tigela, misture os dois tipos de farinha, o óleo e o açúcar. Em seguida, adicione o leite e a essência de baunilha e misture bem. Coloque o fermento e misture delicadamente de baixo para cima. Acrescente o suco de limão e mexa levemente, o suficiente para incorporá-lo à massa. Por fim, misture o coco ralado e as tiras de damasco (reserve metade para decorar o bolo).
3 Transfira a massa para uma fôrma de bolo inglês com 25 cm untada com óleo e forrada com papel-manteiga também untado. Leve ao forno e asse por 40 minutos ou até que, ao espetar um palito, ele saia seco. Espere amornar, desenforme e decore com o damasco restante.

bolo de linhaça com castanha-do-pará e uvas-passas brancas

tempo de preparo 55 minutos
rende 6 fatias

- 2 xícaras (chá) de farinha de linhaça
- 2 xícaras (chá) de leite vegetal
- 1/3 de xícara de óleo de coco
- 1 xícara de açúcar de coco
- 1 xícara de castanhas-do-pará picadas
- 1/2 xícara de uvas-passas brancas
- 1 colher (sopa) de fermento químico em pó
- 1 colher (sopa) de suco de limão

1 Preaqueça o forno a 180 °C.

2 Em uma tigela, misture a farinha, o leite, o óleo e o açúcar. Em seguida, junte as castanhas e as passas e misture bem. Coloque o fermento e misture delicadamente de baixo para cima. Por fim, adicione o suco de limão e mexa levemente, o suficiente para incorporá-lo.

3 Transfira a massa para uma fôrma de bolo inglês, de 20 cm de comprimento, untada, e leve ao forno por 45 minutos ou até que, ao espetar um palito, ele saia seco. Espere esfriar, desenforme e decore com mais castanhas-do-pará picadas antes de servir.

Este bolo fica bem baixo por não ter glúten, mas é bem úmido, prático e saboroso.

bolo de arroz

tempo de preparo 1 hora (+ 12 horas para demolhar o arroz)
rende 6 fatias

- 1 xícara (chá) de arroz cru
- 1½ xícara (chá) de leite de coco caseiro (p. 129)
- ⅔ de xícara de leite vegetal
- ½ xícara de farinha de coco
- ½ xícara de óleo de coco
- 1 xícara de açúcar demerara
- ¼ de xícara de coco ralado
- 1 colher (sopa) de fermento químico em pó
- 1 colher (sopa) de suco de limão

1. Deixe o arroz de molho em água suficiente para cobrir os grãos por 12 horas.
2. Preaqueça o forno a 180 °C.
3. Passado o tempo de demolho do arroz, escorra-o bem e bata por 5 minutos no liquidificador com o leite de coco. Transfira para uma tigela e adicione o leite vegetal, a farinha e o óleo e mexa bem. Junte o açúcar e o coco ralado e misture até que os ingredientes formem uma massa espessa. Acrescente o fermento e misture delicadamente de baixo para cima. Por fim, adicione o suco de limão e mexa levemente, o suficiente para incorporá-lo na massa.
4. Coloque a massa em uma fôrma redonda, de 20 cm de diâmetro, com fundo removível, untada com óleo, e leve ao forno por 45 minutos ou até que, ao espetar um palito, ele saia seco. Aguarde amornar, desenforme e sirva.

bolo de coco com calda de
coco queimado

tempo de preparo 2 horas (com tempo de geladeira)
rende 8 fatias

massa

- 2 xícaras de farinha de coco
- ¾ de xícara de açúcar demerara
- 1 xícara de leite de coco caseiro (p. 129)
- 3½ xícaras de leite vegetal
- ½ xícara de óleo
- 1 xícara de coco fresco ralado
- 1 colher (sopa) de fermento químico em pó
- 1 colher (sopa) de suco de limão

calda de coco queimado

- 1½ xícara (chá) de açúcar de coco
- 1 xícara de leite de coco caseiro (p. 129)
- ¾ de xícara de leite vegetal
- ½ xícara de coco fresco ralado

Não se assuste com a quantidade de líquidos desta receita. É que a farinha de coco absorve muito líquido.

1 Preaqueça o forno a 180 °C.

2 Em uma tigela, coloque a farinha e o açúcar. Acrescente os dois tipos de leite e misture bem. Junte o óleo e mexa até ele incorporar na massa. Acrescente o fermento e misture delicadamente de baixo para cima. Por fim, adicione o suco de limão coado e misture, o suficiente para incorporá-lo na massa.

3 Coloque a massa em uma fôrma redonda, de 20 cm de diâmetro, com fundo removível, untada com óleo. Leve ao forno por 45 minutos ou até que, ao espetar um palito, ele saia seco. Espere esfriar e deixe na geladeira até a hora de desenformar.

4 Prepare a calda levando o açúcar ao fogo baixo até começar a caramelizar. Mantenha o fogo baixo e adicione com cuidado o leite de coco em fio, mexendo sempre (não deixe borbulhar). Junte o leite vegetal e mexa apenas para integrá-lo. Mantenha no fogo, mexendo às vezes, até virar uma calda encorpada. Quando chegar ao ponto, retire do fogo, junte o coco, mexa e sirva sobre o bolo.

bolo
beijinho

tempo de preparo 3 horas (com tempo de geladeira)
rende 6 fatias

cobertura do beijinho

1½ xícara de leite de coco caseiro (p. 129)
1 colher (sopa) de amido de milho
½ xícara de açúcar demerara
¾ de xícara de coco seco ralado sem açúcar

massa

½ xícara de açúcar de coco
1½ xícara de mix de farinha sem glúten
6 colheres (sopa) de óleo de coco
1 xícara de leite de coco caseiro (p. 129)
½ xícara de coco fresco ralado
1 colher (sopa) de fermento químico em pó
1 colher (sopa) de suco de limão
¼ de xícara de leite de coco misturado com 5 gotas de rum

1 Preaqueça o forno a 180 °C.
2 Comece pela cobertura. Em uma panela, aqueça 1 xícara de leite de coco. No leite de coco restante, dissolva o amido de milho e, em seguida, junte ao leite na panela. A partir desse momento, você deve mexer o conteúdo da panela sem parar, até o final. Adicione o açúcar aos poucos, o coco ralado seco e continue mexendo até engrossar. Retire do fogo e reserve.
3 Para fazer a massa, coloque o açúcar e o mix de farinhas em uma tigela e misture. Junte o óleo e misture. Acrescente o leite e o coco fresco ralado e mexa até ficar homogêneo. Coloque o fermento e misture delicadamente de baixo para cima. Por fim, adicione o suco de limão e mexa apenas o suficiente para incorporá-lo na massa.
4 Transfira a massa para uma fôrma redonda, de 20 cm de diâmetro, untada, e leve ao forno por 40 minutos ou até que, ao espetar um palito, ele saia seco. Espere amornar e desenforme sobre um prato de servir. Regue o bolo com a mistura de leite de coco e rum. Cubra com o beijinho e leve à geladeira até o momento de servir.

Se sobrar cobertura, faça pequenos beijinhos e decore o bolo.

bolinhos imperdíveis

pequenos com estilo

bolinho de
avelã e limão

tempo de preparo 45 minutos
rende 6 unidades

1 1/2 xícara de farinha de trigo
1/2 xícara de açúcar
6 colheres (sopa) de óleo
1/3 de xícara de avelãs torradas e picadas grosseiramente
raspas da casca de 1 limão
3/4 de xícara de suco de limão coado
1 colher (sopa) de fermento químico em pó

1 Preaqueça o forno a 180 °C.
2 Em uma tigela, misture a farinha, o açúcar e o óleo. Adicione as avelãs (reserve algumas para decorar) e as raspas de limão e misture delicadamente. Junte o suco e misture. Ponha o fermento e misture delicadamente de baixo para cima.
3 Distribua a massa em forminhas de silicone redondas, de 6 cm de diâmetro, e leve ao forno por 35 minutos ou até que, ao espetar um palito, ele saia seco. Espere amornar, desenforme e decore com as avelãs reservadas antes de servir.

bolinho de pêssego com granola

tempo de preparo 50 minutos
rende 8 unidades

1 xícara de farinha de trigo integral
½ xícara de farinha de trigo branca
1 xícara de açúcar mascavo
1 colher (sopa) de cravo, canela e noz-moscada em pó
¼ de xícara de óleo
1 xícara de leite vegetal
3 pêssegos frescos sem casca e sem caroço cortados em cubinhos
½ xícara de granola vegana
1 colher (sopa) de fermento químico em pó
1 colher (sopa) de vinagre de maçã

1 Preaqueça o forno a 180 °C.
2 Em uma tigela, misture as farinhas, o açúcar e as especiarias. Em seguida, adicione o óleo e o leite e mexa bem. Junte os pêssegos e a granola e mexa para que fiquem uniformemente espalhados pela massa. Coloque o fermento e misture delicadamente de baixo para cima. Por fim, adicione o vinagre de maçã e mexa levemente, o suficiente para incorporá-lo na massa.
3 Distribua a massa em forminhas quadradas, com 15 cm de lateral, ligeiramente untadas com óleo, e leve ao forno por 40 minutos ou até que, ao espetar um palito, ele saia seco. Espere amornar, desenforme e sirva.

bolinho fofo de cereja

tempo de preparo 45 minutos
rende 6 unidades

½ xícara de amido de milho
1 xícara de farinha de trigo integral
¾ de xícara de açúcar
6 colheres (sopa) de óleo
1 xícara de leite vegetal
1 colher (sopa) de fermento químico em pó
1 colher (sopa) de vinagre de maçã
100 g de cerejas frescas

1 Preaqueça o forno a 180 °C.
2 Em uma tigela, misture o amido, a farinha e o açúcar. Em seguida, adicione o óleo e o leite e mexa bem. Coloque o fermento e misture delicadamente de baixo para cima. Por fim, adicione o vinagre e mexa levemente, o suficiente para incorporá-lo na massa.
3 Distribua a massa em forminhas redondas de silicone, de 6 cm de diâmetro, e coloque uma cereja dentro de cada uma. Leve ao forno por 35 minutos ou até que, ao espetar um palito, ele saia seco. Desenforme ao esfriar, decore com mais cerejas e sirva.

bolinho de baunilha com pralinê

tempo de preparo 50 minutos
rende 6 unidades

pralinê

1 xícara de nozes, castanhas-de-caju, avelãs e amêndoas, sem casca e picadas grosseiramente
½ xícara de açúcar de coco
¾ de xícara de água
1 colher (chá) de fermento químico em pó

massa

1½ xícara de farinha de trigo
½ xícara de açúcar
4 colheres (sopa) de óleo
1 colher (sopa) de essência de baunilha
2 colheres (sopa) de água com gás
1 xícara de leite vegetal
1 colher (sopa) de fermento químico em pó
1 colher (sopa) de vinagre de maçã

A água com gás pode substituir o leite vegetal em muitas receitas, pois deixa a massa mais leve e aerada.

1 Preaqueça o forno a 180 °C.
2 Comece pelo pralinê. Coloque as oleaginosas em uma panela e deixe-as torrar levemente. Em seguida, acrescente o açúcar e a água, mexa rapidamente e deixe cozinhar até começar a mudar de cor e virar uma espécie de calda. A partir desse momento, mexa rapidamente sem parar para os pedaços não grudarem uns nos outros. Assim que a calda envolver todas as oleaginosas, junte o fermento e mexa bem por 5 minutos. Elas vão ficar com uma casquinha açucarada ao redor. Retire do fogo e reserve.
3 Em uma tigela, misture a farinha e o açúcar, acrescente o óleo, a baunilha, a água e o leite e mexa bem. Coloque o fermento e misture delicadamente de baixo para cima. Por fim, adicione o vinagre e mexa levemente, o suficiente para incorporá-lo na massa.
4 Disponha a massa em forminhas redondas de silicone, de 8 cm de diâmetro, e asse por 30 minutos ou até que, ao espetar um palito, ele saia seco. Espere esfriar, desenforme e decore com o pralinê.

bolinho tipo brownie

tempo de preparo 40 minutos
rende 5 unidades

¾ de xícara de chocolate vegano picado ou em raspas
¼ de xícara de óleo de coco
⅓ de xícara de açúcar mascavo
1 colher (chá) de essência de baunilha
½ xícara de farinha de trigo
1 colher (chá) de fermento químico em pó
3 colheres (sopa) de suco de laranja
½ xícara de nozes ou castanhas-de-caju, sem sal, torradas e picadas

1 Preaqueça o forno a 180 °C.
2 Derreta o chocolate em banho-maria. Em seguida, misture bem o chocolate derretido, o óleo e o açúcar até formar um creme homogêneo. Em seguida, junte a essência de baunilha e a farinha e mexa bem. Coloque o fermento e misture delicadamente de baixo para cima. Por fim, adicione o suco de laranja e mexa levemente, o suficiente para incorporá-lo na massa.
3 Distribua a massa em forminhas redondas, de 7 cm de diâmetro, untadas (não encha até a borda porque a massa vai crescer enquanto assa), distribua as castanhas ou nozes picadas em partes iguais em cada uma delas e leve ao forno por 25 minutos ou até que, ao enfiar um palito, ele saia seco. Espere esfriar, desenforme e sirva com uma bola de sorvete vegano de chocolate, polvilhado com canela.

bolos para ocasiões especiais

para surpreender a família e os amigos

bolo de paçoca

tempo de preparo 1 hora
rende 6 fatias

2 xícaras de farinha de trigo integral
1 xícara de farinha de trigo branca
1 colher (sopa) de canela em pó
1 xícara de açúcar demerara
5 paçocas do tipo rolha esfareladas
6 colheres (sopa) de óleo
2 xícaras de água
1 colher (sopa) de fermento químico em pó
1 colher (sopa) de suco de limão coado

1 Preaqueça o forno a 180 °C.

2 Em uma tigela, misture os dois tipos de farinha peneiradas, a canela, o açúcar e a paçoca esfarelada. Em seguida, junte o óleo e a água e mexa bem. Coloque o fermento e misture delicadamente de baixo para cima. Por fim, adicione o suco de limão e mexa levemente, o suficiente para incorporá-lo na massa.

3 Coloque a massa em uma fôrma redonda, de 20 cm de diâmetro, com fundo removível, untada e leve ao forno por 50 minutos ou até que, ao espetar um palito, ele saia seco. Ao esfriar, desenforme e sirva.

Experimente servir este bolo com uma calda de leite condensado vegano (p. 128) e decore com paçoca esmigalhada.

bolo de leite condensado com calda de chocolate branco

tempo de preparo 55 minutos
rende 6 fatias

massa

3/4 de xícara de leite vegetal
1 xícara de leite condensado vegano caseiro (p. 128)
3 colheres (sopa) de óleo
2 xícaras de farinha de trigo
1 colher (sopa) de fermento químico em pó
1 colher (sopa) de suco de limão

calda de chocolate branco

1/2 xícara de chocolate branco vegano picado
3 colheres (sopa) de leite vegetal
1 colher (sopa) de suco de limão
Amêndoas a gosto em lascas ligeiramente torradas para decorar

1 Preaqueça o forno a 180 °C.

2 Em uma tigela, misture bem o leite, o leite condensado e o óleo. Em seguida, acrescente a farinha peneirada e mexa bem. Coloque o fermento e misture delicadamente de baixo para cima. Por fim, adicione o suco de limão e mexa levemente, o suficiente para incorporá-lo na massa.

3 Coloque a massa em uma fôrma de bolo inglês, com 25 cm de comprimento, untada e polvilhada com farinha de trigo e asse por 40 minutos ou até que, ao espetar um palito, ele saia seco.

4 Enquanto o bolo assa, prepare a calda. Coloque o chocolate vegano para derreter em banho-maria. Em seguida, acrescente o leite e o suco de limão e mexa até virar uma calda lisa. Espalhe sobre o bolo desenformado e decore com as amêndoas torradas.

bolo tipo pão de ló com frutas frescas

tempo de preparo 3 horas (+ 2 horas de tempo de geladeira e 12 horas para demolhar as castanhas)
rende 6 fatias

massa

1 xícara de leite vegetal
5 colheres (sopa) de óleo
1 xícara de açúcar demerara
2 xícaras de farinha de trigo
3 colheres (sopa) de fermento químico em pó
1 colher (sopa) de suco de laranja

recheio

1 xícara de castanhas-de-caju crua e sem sal
1/3 de xícara de açúcar de coco
3/4 de xícara de leite de coco (p. 129)
1 colher (chá) de rum
2 xícaras (chá) de frutas frescas picadas (kiwi, manga, uva, morango)
1 colher (sopa) de açúcar de confeiteiro

1 Coloque as castanhas-de-caju do creme em uma tigela, cubra com água fria e deixe de molho por 12 horas.
2 Preaqueça o forno a 180 °C.
3 Para preparar a massa, em uma batedeira, bata por 5 minutos o leite com o óleo e o açúcar. Retire a vasilha da batedeira e adicione aos poucos a farinha de trigo, sempre misturando bem a cada adição. Coloque o fermento e misture delicadamente de baixo para cima. Por fim, adicione o suco de laranja e mexa levemente, o suficiente para incorporá-lo na massa.
4 Transfira a massa para uma fôrma redonda, de 20 cm de diâmetro, com fundo removível, untada com óleo (unte apenas o fundo para o bolo ficar bem uniforme) e leve ao forno por 40 minutos ou até que, ao espetar um palito, ele saia seco. Retire do forno, espere amornar e desenforme.
5 Para o recheio, primeiramente, prepare um creme de castanha. Retire as castanhas do molho, escorra bem a água, coloque-as no liquidificador com o açúcar de coco, o leite de coco e o rum e bata bem até virar um creme espesso. Coloque em uma tigela e leve à geladeira. Pique as frutas frescas e deixe escorrendo um pouco sobre uma peneira para retirar o excesso de líquido.
6 Para a montagem do bolo, desenforme-o e corte-o ao meio, no sentido horizontal. Sobre a metade de baixo do bolo, espalhe o creme de castanha (reserve duas colheres das de sopa para decorar) de maneira uniforme e, sobre ele, as frutas frescas (reserve algumas para decorar). Coloque a outra metade do bolo por cima, polvilhe o açúcar de confeiteiro e decore com o restante do creme em uma fina camada somente no centro do bolo e as frutas frescas reservadas sobre esse creme. Deixe na geladeira por duas horas antes de servir.

As frutas frescas vão umedecer bem a massa do bolo.

Bolo tipo pão de ló com frutas frescas (pp. 80-81)

Bolo de morango com cobertura de chocolate branco (pp. 84-85)

bolo de morango com calda de chocolate branco

tempo de preparo 4 horas (incluindo 3 horas de geladeira)
rende 6 fatias

recheio

1 xícara de suco de laranja
3 colheres (sopa) de amido de milho
5 colheres (sopa) de leite condensado vegano (p. 128)
1 xícara de morangos picados

massa

1 xícara de farinha de trigo integral
1 xícara de farinha de trigo branca
¾ de xícara de açúcar
6 colheres (sopa) de óleo
1¼ de xícara de suco de laranja + ½ xícara para umedecer a massa
1 colher (sopa) de fermento químico em pó

calda

1 xícara de chocolate branco vegano picado
½ xícara de leite de coco caseiro (p. 129)
1 xícara de morango para decorar

1. Preaqueça o forno a 180 °C.
2. Comece pelo recheio. Em uma panela, coloque metade do suco de laranja para aquecer. Dissolva o amido de milho no suco restante e despeje na panela. Em seguida, junte o leite condensado e mexa. Deixe cozinhar, mexendo às vezes, até engrossar. Então, retire do fogo, espere amornar e acrescente metade dos morangos picados. Reserve.
3. Em uma tigela, misture as duas farinhas peneiradas e o açúcar. Em seguida, junte o óleo e 1½ xícara do suco de laranja e mexa bem. Coloque o fermento e misture delicadamente de baixo para cima.
4. Coloque a massa em uma fôrma redonda, de 20 cm de diâmetro, com fundo removível, untada apenas no fundo, e leve ao forno por 45 minutos ou até que, ao espetar um palito, ele saia seco. Aguarde esfriar e desenforme.
5. Para a montagem do bolo, corte-o ao meio, no sentido horizontal. Molhe a metade de baixo do bolo com metade do suco de laranja separado para umedecer a massa, espalhe todo o recheio de maneira uniforme sobre ela e distribua o restante dos morangos picados. Coloque a outra metade do bolo por cima do recheio e umedeça-a com o suco restante. Leve à geladeira por 2 horas.
6. Pouco antes de retirar o bolo da geladeira, faça a calda derretendo o chocolate com o leite de coco em banho-maria. Espere amornar, cubra o bolo e decore com os morangos. Leve à geladeira novamente por, pelo menos, mais uma hora ou até o momento de servir.

bolo de
coco com nozes

tempo de preparo 55 minutos
rende 6 fatias

1⅓ de xícara de farinha de trigo
½ xícara + 2 colheres (sopa) de açúcar de coco
2 colheres (sopa) de óleo de coco
1 xícara de leite de coco caseiro (p. 129)
1¼ de xícara de leite vegetal
½ xícara + 2 colheres (sopa) de coco ralado
1 colher (chá) de rum
½ xícara de nozes picadas
1 colher (sopa) de fermento químico em pó
1 colher (sopa) de suco de limão

1. Preaqueça o forno a 180 °C.
2. Em uma tigela, misture a farinha, o açúcar, o óleo e os dois tipos de leite. Em seguida, adicione o coco ralado, o rum e as nozes e misture bem. Coloque o fermento e misture delicadamente de baixo para cima. Por fim, adicione o suco de limão e mexa levemente, o suficiente para incorporá-lo na massa.
3. Transfira a massa para uma fôrma de bolo inglês de 25 cm, untada com óleo de coco, e asse por 40 minutos ou até que, ao espetar um palito, ele saia seco. Espere esfriar, desenforme e sirva.

Sirva com leite condensado vegano caseiro (p. 128) e nozes picadas.

bolo de cacau com doce de leite

tempo de preparo 3 horas (+ 2 horas de geladeira)
rende 6 fatias

massa

- 1½ xícara (chá) de açúcar
- 2 xícaras (chá) de farinha de trigo
- ½ xícara de amido de milho
- ½ xícara (chá) de cacau em pó
- 2½ xícaras (chá) de leite vegetal (use o de girassol, p. 130)
- 1 colher (sopa) de óleo
- 1 colher (sopa) de fermento químico em pó
- 1 colher (sopa) de suco de limão

recheio

- 1 xícara de doce de leite vegano (p. 128)

cobertura de chocolate

- ⅓ de xícara de leite condensado vegano caseiro (p. 128)
- ½ xícara de leite vegetal (use o de girassol, p. 130)
- 1 xícara de raspas de chocolate vegano
- Nibs de cacau a gosto para decorar

1 Preaqueça o forno a 180 °C.

2 Para fazer a massa, misture o açúcar, a farinha, o amido e o cacau em uma tigela. Adicione 2 xícaras de leite e o óleo e mexa bem. Coloque o fermento e misture com cuidado, de baixo para cima. Adicione o suco de limão e mexa apenas o suficiente para incorporá-lo na massa.

3 Unte o fundo removível de uma fôrma redonda de 20 cm de diâmetro e transfira a massa para ela. Leve ao forno por 45 minutos ou até que, ao espetar um palito, ele saia seco. Espere amornar para desenformar.

4 Para montar o bolo, corte-o ao meio, no sentido horizontal. Umedeça a parte de baixo com metade do leite vegetal que sobrou e espalhe por cima o doce de leite vegano. Coloque a outra metade do bolo por cima e umedeça-a com o restante do leite vegetal.

5 Para a cobertura, leve uma panela ao fogo com o leite condensado, o leite vegetal e as raspas de chocolate e mexa até formar uma calda homogênea. Cubra o bolo com essa calda e decore com as nibs de cacau. Leve à geladeira até o momento de servir.

bolo de laranja com calda de doce de leite vegano

tempo de preparo 1 hora e meia
rende 6 fatias

cobertura

1½ litro de leite vegetal
1½ xícara de açúcar de coco

massa

1½ xícara de farinha de trigo
¾ de xícara de açúcar de coco
6 colheres (sopa) de óleo
1⅓ de xícara (chá) de suco de laranja coado
1 colher (sopa) de fermento químico em pó

1 Preaqueça o forno a 180 °C.

2 Comece pela cobertura. Leve uma panela alta e de fundo grosso ao fogo com o leite e o açúcar. Misture bem e deixe cozinhar, mexendo às vezes, até começar a engrossar. Acomode um pires de café virado de cabeça para baixo dentro da panela e deixe-o ali até o doce engrossar mais. Quando o doce já estiver mais encorpado, retire o pires com cuidado, para não se queimar, e termine de cozinhar, mexendo devagar até ficar consistente, mas não muito duro. Reserve.

3 Para fazer a massa, em uma tigela, misture bem a farinha, o açúcar e o óleo. Em seguida, junte o suco de laranja e mexa bem. Coloque o fermento e misture delicadamente de baixo para cima.

4 Transfira a massa para uma fôrma redonda canelada, de 20 cm de diâmetro, untada com óleo e forrada com papel-manteiga também untado, e leve ao forno por 40 minutos ou até que, ao espetar um palito, ele saia seco. Espere esfriar, desenforme sobre um prato de bolo e cubra com o doce de leite.

Para um doce de leite mais encorpado, o ideal é cozinhar em fogo baixo por até 40 minutos. É muito importante preparar esta receita em uma panela alta para evitar acidentes na cozinha, principalmente se você não tiver muita experiência. Na hora de retirar o pires, use uma espátula e uma luva própria para pegar utensílios quentes (luva térmica). Mas, se quiser uma opção superprática, veja a p. 128.

bolo de
coco e manga

tempo de preparo 3 horas (com tempo de geladeira)
rende 6 fatias

massa

- 1½ xícara de farinha de trigo branca
- 1 xícara de farinha de trigo integral
- 1 xícara de açúcar demerara
- 6 colheres (sopa) de óleo
- ⅓ de xícara de coco fresco ralado
- 2 xícaras de leite vegetal
- 1 colher (sopa) de fermento químico em pó
- 1 colher (sopa) de suco de limão coado

creme

- 2 xícaras de leite de coco caseiro (p. 129)
- 3 colheres (sopa) de amido de milho
- ¾ de xícara de açúcar de coco
- 2 colheres (chá) de essência de baunilha

cobertura

- 1 xícara de doce de manga caseiro (p. 129)

1 Preaqueça o forno a 180 °C.

2 Para fazer a massa, misture as farinhas, o açúcar e o óleo em uma tigela. Junte o coco ralado e o leite e mexa bem. Coloque o fermento e misture com cuidado, de baixo para cima. Adicione o suco de limão e mexa apenas o suficiente para incorporá-lo na massa.

3 Unte o fundo removível de uma fôrma redonda de 20 cm de diâmetro e transfira a massa para ela. Leve ao forno por 45 minutos ou até que, ao espetar um palito, ele saia seco. Espere esfriar e desenforme.

4 Prepare o creme, levando uma panela ao fogo com 1½ xícara de leite de coco. Em uma tigela, dissolva o amido no leite que sobrou e junte à panela. Adicione o açúcar e a essência de baunilha e mexa sem parar até engrossar. Retire do fogo e reserve.

5 Para montar o bolo, corte-o ao meio, no sentido horizontal. Sobre a metade de baixo, espalhe todo o creme de maneira uniforme. Coloque a outra metade por cima e cubra com o doce de manga. Leve à geladeira até o momento de servir.

bolo de limão e erva-doce

tempo de preparo 55 minutos
rende 6 fatias

1 xícara (chá) de farinha de trigo integral
1 xícara (chá) de farinha de trigo branca
1 xícara (chá) de açúcar
½ xícara (chá) de óleo
1 colher (chá) de sementes de erva-doce
1 colher (sopa) de fermento químico em pó
1 xícara de água
½ xícara de suco de limão coado
Raspas de casca de limão para decorar

cobertura

½ xícara de leite condensado vegano (p. 128)
¼ de xícara de suco de limão

1 Preaqueça o forno a 180 °C.
2 Para fazer a massa, em uma tigela, misture as farinhas peneiradas e o açúcar. Em seguida, junte o óleo e mexa bem. Adicione as sementes de erva-doce. Coloque o fermento e misture delicadamente de baixo para cima. Por fim, adicione a água e o suco de limão e mexa levemente, o suficiente para incorporá-lo na massa.
3 Coloque a massa em uma fôrma redonda, de buraco no meio, levemente untada com óleo, e leve ao forno por 45 minutos ou até que, ao espetar um palito, ele saia seco. Espere amornar para desenformar.
4 Para preparar a cobertura, basta misturar o leite condensado com o suco de limão. Em seguida, despeje sobre o bolo desenformado, decore com as raspas de limão e sirva.

bolo com frutas cristalizadas

tempo de preparo 1 hora (+ 30 minutos para demolhar as frutas)
rende 6 fatias

½ xícara de frutas cristalizadas
1 xícara de frutas secas picadas (damascos, ameixas e tâmaras)
1½ xícara de suco de tangerina coado (aproximadamente 2 unidades grandes batidas no liquidificador sem casca e sem sementes)
1½ xícara de farinha de trigo
½ xícara de aveia em flocos finos
⅓ de xícara de açúcar de coco
6 colheres (sopa) de óleo de coco
1 maçã sem casca e sem sementes amassada com um garfo
1 colher (sopa) de fermento químico em pó

1 Coloque as frutas cristalizadas e as secas em uma tigela, acrescente ½ xícara do suco de tangerina e deixe de molho por 30 minutos.
2 Preaqueça o forno a 180 °C.
3 Em uma tigela misture a farinha, a aveia e o açúcar. Junte o óleo e misture bem. Acrescente a maçã amassada e as frutas junto com o suco em que ficaram de molho e o suco restante que ficou reservado. Misture bem para ficar homogêneo. Por fim, coloque o fermento e misture delicadamente de baixo para cima.
4 Coloque a massa em uma fôrma redonda do tipo espiral, de 20 cm com buraco no meio, untada, e leve ao forno por 40 minutos ou até que, ao espetar um palito, ele saia seco. Aguarde amornar, desenforme e sirva.

bolo red velvet superprático

tempo de preparo 2 horas (+ 12 horas para demolhar as castanhas-de-caju)
rende 6 fatias

massa

2 beterrabas médias bem vermelhas sem casca cortadas em pedaços
1 xícara de suco de laranja
½ xícara de óleo
¾ de xícara de açúcar demerara
1 xícara de farinha de trigo branca
1 xícara de farinha de trigo integral
1 colher (sopa) de fermento químico em pó

recheio

1½ xícara de castanhas-de-caju
¾ de xícara demerara
1 colher (sopa) de rum
3 colheres (sopa) de suco de limão coado
1 colher (sopa) de óleo de coco

cobertura

½ xícara de açúcar de confeiteiro
½ xícara de frutas frescas a gosto (cereja, mirtilo, amora)

Você pode decorar com farelo do próprio bolo. Asse um pouco da massa em uma forminha de empada. Espere esfriar, desenforme, esfarele e espalhe sobre o bolo.

1 Coloque as castanhas do recheio em uma tigela, cubra com água fria e deixe de molho por 12 horas.

2 Preaqueça o forno a 180 °C.

3 Prepare a massa. No liquidificador, bata bem as beterrabas picadas e metade do suco de laranja. Com um pano de prato limpo ou um coador de voal, coe esse líquido sobre uma tigela. Junte o óleo, o açúcar, as farinhas peneiradas e misture bem. Junte o fermento, misture com cuidado de baixo para cima, adicione o restante do suco de laranja e mexa apenas o suficiente para incorporá-lo na massa.

4 Coloque a massa em uma fôrma redonda de 20 cm, com fundo removível untado, e leve ao forno por 40 minutos ou até que, ao espetar um palito, ele saia seco. Espere esfriar e desenforme com cuidado.

5 Prepare o recheio. Escorra a castanha e triture no liquidificador. Junte os demais ingredientes e bata até virar um creme espesso. Ponha numa vasilha e cubra com filme PVC. Deixe na geladeira.

6 Monte o bolo cortando-o ao meio, no sentido horizontal. Espalhe o recheio sobre a base cortada. Por cima, coloque a outra metade. Polvilhe com o açúcar e decore com as frutas. Sirva gelado.

bolo de iogurte com compota de ameixa fresca

tempo de preparo 2 horas
rende 6 fatias

compota de ameixa fresca

400 g de ameixas vermelhas frescas
1 xícara de açúcar
1 pedaço pequeno de canela em pau
2 xícaras de água

massa

1½ xícara de açúcar
150 g de iogurte vegano do tipo grego (1 pote)
1 xícara de leite vegetal
2 xícaras de farinha de trigo
½ xícara de amido de milho
6 colheres (sopa) de óleo
1 colher (sopa) de fermento químico em pó
1 colher (sopa) de vinagre de maçã

1 Comece pela compota. Lave bem as ameixas, faça um corte vertical em uma lateral de cada ameixa, somente para remover o caroço, deixando-as inteiras, e coloque-as em uma panela com o açúcar, a canela e a água. Misture e deixe cozinhar por 40 minutos em fogo baixo, mexendo às vezes, até a calda engrossar bem e as ameixas ficarem cozidas. Reserve.

2 Preaqueça o forno a 180 °C.

3 Para fazer a massa, em uma tigela, misture o açúcar, o iogurte e o leite vegetal. Acrescente a farinha e o amido peneirados e mexa bem. Junte o óleo aos poucos, misturando para integrá-lo na massa. Coloque o fermento e misture delicadamente de baixo para cima. Por fim, adicione o vinagre e mexa levemente, o suficiente para incorporá-lo na massa.

4 Coloque a massa em uma fôrma redonda, de 20 cm de diâmetro, untada, e leve ao forno por 45 minutos ou até que, ao espetar um palito, ele saia seco. Espere amornar, desenforme e sirva com a compota.

bolo de banana com cobertura de doce de leite vegano

tempo de preparo 55 minutos
rende 6 fatias

massa

- ½ xícara de óleo
- 1 xícara de açúcar demerara
- 2 xícaras de farinha de trigo branca
- ½ xícara de farinha de trigo integral
- 1 xícara de leite vegetal
- ½ xícara de polpa de banana prata amassada
- ½ xícara de amido de milho
- 1 colher (chá) de canela em pó
- 1 colher (sopa) de fermento químico em pó
- 1 colher (sopa) de suco de limão

cobertura

- 1 xícara de doce de leite vegano (p. 128)
- ⅓ de xícara de leite vegetal
- 4 colheres (sopa) de suco de limão
- 1 colher (chá) de canela em pó

1. Preaqueça o forno a 180 °C.
2. Em uma tigela, misture o óleo, o açúcar e os dois tipos de farinha. Em seguida, junte o leite, a banana amassada, o amido e a canela em pó. Coloque o fermento e misture delicadamente de baixo para cima. Por fim, adicione o suco de limão e mexa levemente, o suficiente para incorporá-lo na massa.
3. Transfira a massa para uma fôrma redonda, de 20 cm de diâmetro, com fundo removível, untada, e leve ao forno por 40 minutos ou até que, ao espetar um palito, ele saia seco. Aguarde amornar e desenforme.
4. Enquanto o bolo assa, prepare a cobertura levando uma panela ao fogo com o doce de leite vegano, o leite vegetal, o suco de limão e a canela. Mexa bem e deixe no fogo até engrossar. Despeje sobre o bolo desenformado.

Se desejar, corte algumas bananas em fatias, doure-as levemente no açúcar em uma panela e decore o bolo ao servir.

bolo de chocolate bicolor

tempo de preparo 3h30 (incluindo 2 horas de geladeira)
rende 6 fatias

massa

1½ xícara de farinha de trigo
½ xícara de cacau em pó
¾ de xícara de açúcar
6 colheres (sopa) de óleo
1½ xícara de leite vegetal
1 colher (chá) de essência de baunilha
Noz-moscada ralada a gosto
1 colher (sopa) de fermento químico em pó
1 colher (sopa) de vinagre

recheio

½ xícara de chocolate vegano
1 colher (chá) de essência de baunilha
1 colher (sopa) de açúcar
uma pitada de sal
¼ de xícara de leite de coco caseiro (p. 129)
½ colher (sopa) de óleo de coco

ganache

1 xícara de chocolate branco vegano
½ xícara de leite de coco
Framboesas frescas para decorar (opcional)

1 Preaqueça o forno a 180 °C.

2 Em uma tigela, misture a farinha, o cacau, o açúcar e o óleo. Junte o leite, a essência de baunilha e a noz-moscada. Coloque o fermento e misture com cuidado de baixo para cima. Junte o vinagre e mexa apenas o suficiente para incorporá-lo na massa.

3 Ponha a massa em uma fôrma redonda, de 20 cm de diâmetro, com o fundo removível untado, e leve ao forno por 45 minutos ou até que, ao espetar um palito, ele saia seco. Espere amornar e desenforme.

4 Enquanto o bolo assa, prepare o recheio. Derreta o chocolate em banho-maria e, em uma panela, misture o chocolate derretido, a essência de baunilha, o açúcar, o sal, o leite de coco e o óleo. Leve ao fogo médio e cozinhe mexendo até engrossar. Reserve.

5 Para montar o bolo, corte-o ao meio, no sentido horizontal. Sobre a metade de baixo, espalhe todo o recheio. Coloque a outra metade por cima, cubra com filme de PVC e leve à geladeira por 1 hora.

6 Prepare a ganache derretendo o chocolate em banho-maria. Junte o leite e misture bem. Espere amornar e cubra o bolo. Decore com a framboesa e leve à geladeira por mais 1 hora. Sirva.

diferentes, mas igualmente gostosos

delícias fora do comum

bolo de batata-doce com castanha-de-caju

tempo de preparo 1 hora e 20 minutos
rende 6 fatias

2 xícaras de batata-doce cozida sem casca amassada
1¼ de xícara de farinha de trigo
⅓ de xícara de óleo de coco
¾ de xícara de açúcar demerara
1 xícara de leite vegetal
uma pitada de sal
1 colher (sopa) de fermento químico em pó
1 colher (sopa) de suco de limão
½ xícara de castanhas-de-caju sem sal torradas
e picadas (xerém de castanha-de-caju)

1 Preaqueça o forno a 180 °C.
2 Em uma tigela, misture a batata-doce amassada, a farinha e o óleo. Em seguida, acrescente o açúcar, o leite, o sal e mexa bem. Coloque o fermento e misture delicadamente de baixo para cima. Por fim, adicione o suco de limão e mexa levemente, o suficiente para incorporá-lo na massa.
3 Misture as castanhas picadas (reserve um pouco para decorar) na massa, transfira para uma fôrma redonda, de 20 cm de diâmetro, ligeiramente untada, e leve ao forno por 55 minutos ou até que, ao espetar um palito, ele saia seco. Espere esfriar, desenforme e decore com as castanhas picadas reservadas.

bolo de laranja e cenoura

tempo de preparo 1 hora
rende 6 fatias

massa

- 1½ xícara de farinha de trigo branca
- 1 xícara de farinha de trigo integral
- 1 xícara de açúcar mascavo
- ½ xícara de óleo
- 1½ xícara de suco de laranja
- 1 cenoura pequena sem casca ralada
- ¼ de xícara de nozes picadas
- 1 colher (chá) de canela em pó
- ½ colher (chá) de gengibre em pó
- 1 colher (sopa) de fermento químico em pó

cobertura

- 1 xícara de suco de laranja
- ¼ de xícara de açúcar
- Rodelas de laranja desidratadas ou cenoura ralada para decorar

1 Preaqueça o forno a 180 °C.

2 Em uma tigela, misture os dois tipos de farinha peneiradas, o açúcar e o óleo. Em seguida, junte o suco de laranja, a cenoura, as nozes, a canela e o gengibre e mexa bem para formar uma mistura homogênea. Coloque o fermento e misture delicadamente de baixo para cima.

3 Transfira a massa para uma fôrma redonda, de 20 cm de diâmetro, ligeiramente untada, com buraco no meio e leve ao forno por 45 minutos ou até que, ao espetar um palito, ele saia seco. Espere amornar e desenforme.

4 Para a cobertura, misture em uma tigela o suco de laranja e o açúcar. Em seguida, despeje sobre o bolo, decore com as rodelas de laranjas desidratadas e sirva.

Se usar cenoura ralada para decorar o bolo, aferventе as raspas ligeiramente porque, dependendo do clima local (se for muito quente), ela estraga facilmente.

bolo de cerveja

tempo de preparo 55 minutos
rende 6 fatias

1 xícara de farinha de trigo branca
1 xícara de farinha de trigo integral
1 xícara de açúcar
½ xícara de amido de milho
½ xícara de óleo
2 xícaras de cerveja clara vegana
1 colher (sopa) de fermento químico em pó
1 colher (sopa) de suco de limão
Açúcar de confeiteiro para decorar

1 Preaqueça o forno a 180 °C.
2 Em uma tigela, misture os dois tipos de farinha, o açúcar, o amido e o óleo. Em seguida, junte a cerveja e mexa até obter uma massa homogênea. Coloque o fermento e misture delicadamente de baixo para cima. Por fim, adicione o suco de limão e mexa levemente, o suficiente para incorporá-lo na massa.
3 Coloque a massa em uma fôrma redonda do tipo espiral, de 20 cm de diâmetro, untada, e leve ao forno por 45 minutos ou até que, ao espetar um palito, ele saia seco. Espere esfriar, desenforme, decore polvilhando açúcar de confeiteiro e sirva.

No mercado nacional, já existem diversas marcas de cerveja vegana.

bolo de capim-limão e abacaxi

tempo de preparo 50 minutos
rende 6 fatias

- 20 folhas de capim-limão fresco
- 1 1/3 de xícara de suco de abacaxi coado
- 2 xícaras de farinha de trigo
- 1/2 xícara de açúcar
- 1/3 de xícara de óleo
- 1 colher (sopa) de fermento químico em pó
- Suco de 1 limão grande
- 1/4 de xícara de açúcar de confeiteiro

1 Preaqueça o forno a 180 °C.
2 Bata no liquidificador o capim-limão com o suco de abacaxi. Coe e reserve o suco obtido.
3 Em uma tigela, misture a farinha com o açúcar e o óleo. Em seguida, junte o suco reservado e mexa bem. Coloque o fermento e misture delicadamente de baixo para cima. Por fim, adicione o suco de limão e mexa levemente, o suficiente para incorporá-lo na massa.
4 Coloque a massa em uma fôrma, de buraco no meio, de 20 cm de diâmetro, untada, e leve ao forno por 40 minutos ou até que, ao espetar um palito, ele saia seco. Espere esfriar e desenforme. Polvilhe açúcar de confeiteiro e sirva.

如

bolo de chá preto e gengibre

tempo de preparo 55 minutos
rende 6 fatias

1 xícara de farinha de trigo integral
1 xícara de farinha de trigo branca
¾ de xícara de açúcar mascavo
1 maçã gala ou red sem casca e sem sementes amassada
6 colheres (sopa) de óleo
1½ xícara de chá preto forte preparado e frio
1 colher (chá) de canela em pó
1 colher (chá) de gengibre em pó
1 colher (sopa) de fermento químico em pó
1 colher (sopa) de suco de limão

1. Preaqueça o forno a 180 °C.
2. Em uma tigela, misture os dois tipos de farinha com o açúcar. Em seguida, adicione a maçã bem amassada e o óleo e mexa bem. Junte o chá, a canela e o gengibre e misture bem até ficar homogêneo. Coloque o fermento e misture delicadamente de baixo para cima. Por fim, adicione o suco de limão e mexa levemente, o suficiente para incorporá-lo na massa.
3. Coloque a massa em uma fôrma redonda, de buraco no meio, de 20 cm de diâmetro, untada, e leve ao forno por 40 minutos ou até que, ao espetar um palito, ele saia seco. Espere amornar, desenforme, polvilhe canela em pó e sirva.

bolo de abobrinha com cacau e gotas de chocolate

tempo de preparo 55 minutos
rende 6 fatias

- 2 xícaras de abobrinha ralada
- 2 xícaras de farinha de trigo
- ½ xícara de cacau em pó
- ¾ de xícara de açúcar
- 6 colheres (sopa) de óleo
- 1½ xícara de leite vegetal
- uma pitada de sal
- 1 colher (chá) de canela em pó
- 1 colher (chá) de rum
- ¼ de xícara de gotas de chocolate vegano
- 1 colher (sopa) de fermento químico em pó
- 1 colher (sopa) de suco de laranja

1. Preaqueça o forno a 180 °C.
2. Coloque a abobrinha ralada em uma peneira e pressione-a levemente para escorrer bem a água.
3. Em uma tigela, misture a farinha, o cacau e o açúcar. Junte o óleo e mexa bem. Em seguida, acrescente a abobrinha escorrida, o leite, o sal e a canela e misture novamente. Acrescente o rum e as gotas de chocolate e mexa bem. Coloque o fermento e misture delicadamente de baixo para cima. Por fim, adicione o suco de laranja e mexa levemente, o suficiente para incorporá-lo na massa.
4. Coloque a massa em uma fôrma de bolo inglês, com 25 cm de comprimento, untada, e leve ao forno por 40 minutos ou até que, ao espetar um palito, ele saia seco. Espere amornar, desenforme e sirva.

Se desejar, decore com mais gotas de chocolate e cacau em pó.

bolo de gergelim, laranja e gengibre

tempo de preparo 55 minutos
rende 6 fatias

2 colheres (sopa) de gergelim torrado e triturado
1½ xícara de farinha de trigo
¾ de xícara de açúcar
½ xícara de óleo
1 xícara de suco de laranja
1 colher (chá) de gengibre em pó
1 colher (sopa) de fermento químico em pó

1 Preaqueça o forno a 180 °C.
2 Em uma tigela, misture o gergelim (reserve um pouco para decorar), a farinha, o açúcar e o óleo. Em seguida, acrescente o suco de laranja e o gengibre e misture bem. Coloque o fermento e misture delicadamente de baixo para cima.
3 Coloque a massa em uma fôrma quadrada, com 22 cm de lateral, untada, e leve ao forno por 40 minutos ou até que, ao espetar um palito, ele saia seco. Espere esfriar, desenforme e decore com mais gergelim torrado antes de servir.

bolo de café e nozes

tempo de preparo 50 minutos
rende 6 fatias

1 xícara de farinha de trigo integral
1/4 de xícara de farelo de aveia
1/2 xícara de açúcar demerara
uma pitada de sal
1/3 de xícara de nozes picadas grosseiramente
1/2 xícara de óleo
4 colheres (sopa) de café solúvel diluídas em 1 xícara de água quente
1 colher (chá) de rum
1 xícara de água
1 colher (chá) fermento químico em pó
1 colher (chá) de vinagre

1 Preaqueça o forno a 180 °C.

2 Em uma tigela, misture a farinha, o farelo, o açúcar, o sal e as nozes (reserve algumas para decorar). Acrescente o óleo e mexa bem. Em seguida, junte o café preparado, o rum e a água e mexa até a massa ficar homogênea. Coloque o fermento e misture delicadamente de baixo para cima. Por fim, adicione o vinagre e mexa levemente, o suficiente para incorporá-lo na massa.

3 Coloque a massa em uma fôrma redonda, de buraco no meio, de 20 cm de diâmetro, untada, e asse por 40 minutos ou até que, ao espetar um palito, ele saia seco. Espere amornar, desenforme, decore com o restante das nozes picadas e sirva.

bolo de melado com uvas-passas e nozes

tempo de preparo 1 hora
rende 6 fatias

2 xícaras (chá) de farinha de trigo
½ xícara de amido de milho
3 colheres (sopa) de óleo
1½ xícara (chá) de leite vegetal
½ xícara (chá) de melado
1 colher (chá) de rum
¼ de xícara de nozes picadas
2 colheres (sopa) de uvas-passas brancas
1 colher (sopa) de fermento químico em pó
1 colher (sopa) de suco de limão

1. Preaqueça o forno a 180 °C.
2. Em uma tigela, misture a farinha e o amido. Em seguida, acrescente o óleo e mexa bem. Adicione o leite, o melado e o rum e misture. Junte as nozes e as uvas-passas e misture para que elas fiquem bem espalhadas pela massa. Coloque o fermento e misture delicadamente de baixo para cima. Por fim, adicione o suco de limão e mexa levemente, o suficiente para incorporá-lo na massa.
3. Coloque a massa em uma fôrma quadrada, com 22 cm de lateral, untada, e leve ao forno por 45 minutos ou até que, ao espetar um palito, ele saia seco. Espere esfriar, desenforme e sirva.

receitas básicas

ingredientes caseiros para ter sempre à mão

leite condensado vegano

½ xícara de água morna
5 gotas de rum
1 xícara de leite de coco em pó
½ xícara de açúcar de coco ou demerara

Coloque todos os ingredientes líquidos no copo do liquidificador e, em seguida, os ingredientes secos. Bata bem até virar uma mistura cremosa com consistência de leite condensado. Use nas receitas.

doce de leite vegano cremoso superprático

⅓ de xícara de água morna
⅓ de xícara de açúcar de coco
1 xícara de leite de coco em pó

Coloque a água morna no copo do liquidificador e, em seguida, os ingredientes secos. Bata bem até virar uma mistura pastosa com consistência de doce de leite. Use nas receitas.

Esta é uma variação da receita de leite condensado vegano. Mas a redução dos ingredientes líquidos deixa a consistência como a de um doce de leite cremoso e o sabor bem próximo ao desse tipo de doce tradicional.

doce de manga

2 mangas palmer grandes, maduras, descascadas e cortadas em pedaços
1 pedaço de gengibre com aproximadamente 5 cm
½ xícara de açúcar
1 pedaço de canela em pau

Coloque todos os ingredientes em uma panela em fogo baixo e mexa às vezes até a manga começar a se desfazer e a formar uma calda espessa — leva, aproximadamente, 35 minutos. Em seguida, retire do fogo, aguarde amornar e transfira para um vidro limpo e com fecho hermético. Use nas receitas.

Dependendo da manga e da quantidade de suco, o doce pode precisar de um pouco de água e o tempo de cozimento pode ser maior.

leite de coco

1 xícara de coco fresco maduro sem casca cortado em pedaços pequenos
2½ xícaras de água filtrada morna

Bata bem a polpa com a água no liquidificador por 5 minutos. Em seguida, utilize um coador de voal ou um pano de prato limpo para coar o líquido em um recipiente limpo e com fecho hermético. Use nas receitas.

Se quiser um leite menos espesso, acrescente um pouco mais de água morna.

calda de coco fresco com leite de coco caseiro

1½ xícara de leite de coco caseiro
2 colheres (sopa) de açúcar
1 xícara de coco fresco ralado

Leve ao fogo todos os ingredientes, mexendo até reduzir um pouco e engrossar ligeiramente. Sirva sobre as receitas.

leite de girassol

1 xícara de sementes de girassol
4 xícaras de água filtrada

Lave bem as sementes, coloque-as em uma tigela com água suficiente para cobri-las. Deixe-as de molho por uma noite. Passado esse tempo, descarte a água, lave as sementes novamente em água corrente, transfira para o liquidificador, acrescente a água filtrada e bata por 5 minutos. Em seguida, utilize um coador de voal ou um pano de prato limpo, para coar o líquido em recipiente limpo e com fecho hermético. Aproveite o leite nas receitas.

Compre as sementes de girassol em lojas de produtos alimentícios naturais para ter garantia da procedência.

calda de chocolate superprática

1 colher (sopa) de açúcar de coco
1 colher (sopa) de cacau em pó
½ xícara de água ou leite vegetal

Em uma panela, leve todos os ingredientes ao fogo baixo. Mexa bem e deixe no fogo até reduzir um pouco e formar uma calda levemente espessa. Use-a quente.

Glossário

Aprenda mais sobre alguns ingredientes e técnicas comuns à culinária, especialmente à vegana.

açúcar de coco – obtido a partir de um processo manual, esse açúcar não recebe aditivos químicos. Daí a fama de ser mais natural do que os açúcares refinados, a exemplo do branco. Segundo um estudo feito com uma pequena produção originária da Ásia, ele é rico em vitaminas e minerais e tem baixo índice glicêmico. Essa característica evita picos de glicose no sangue.

açúcar de confeiteiro – obtido a partir da cana de açúcar, passa por processos em sua produção que deixam seus grãos mais finos que o açúcar branco ou mascavo. Algumas marcas adicionam aditivos como amido de milho ou fosfato de cálcio para deixá-lo ainda mais leve. É muito usado na decoração de bolos e doces em geral pelo efeito "nevado" que deixa nas receitas.

amêndoa – entre as oleaginosas, é uma das mais nutritivas, sendo boa fonte de antioxidantes, fibras, gorduras saudáveis e vários minerais. É muito usada também para preparar leites vegetais e no recheio de doces e massas de biscoitos.

aveia – cereal rico em compostos antioxidantes e fibras, a aveia ajuda a manter a sensação de saciedade por mais tempo. É naturalmente sem glúten, mas, se processada em máquinas compartilhadas com outros alimentos, pode sofrer contaminação cruzada durante o processo de fabricação. Caso não possa consumir glúten, escolha as versões *gluten free*. A aveia é um coringa na cozinha, pois ajuda a engrossar massas e a preparar uma versão de leite vegetal bem prática e acessível.

ballerine ou ballerina – é um tipo de fôrma que tem o centro rebaixado. Ao desenformar o bolo depois de assado, fica uma depressão no centro que pode ser preenchida com caldas, como no bolo com goiabada desta edição (p. 34).

banho-maria – processo essencial na cozinha, muito usado para aquecer o alimento de forma lenta e gradual pelo contato do recipiente, no qual a comida está, com o vapor da água quente. Já existem panelas apropriadas para fazer o banho-maria.

baunilha – uma das especiarias mais usadas na culinária e uma das mais caras também. É extraída das favas de um tipo de orquídea, a *Vanilla planifolia*. As sementes ficam no interior da fava, que precisa secar ao sol ou em fornos a baixas temperaturas, o que leva tempo. Quando raspadas, essas favas liberam um pó que, geralmente, é usado em doces. O extrato é obtido a partir da imersão da fava em alguma bebida alcoólica (rum, conhaque).

brownie – é a terceira sobremesa mais consumida nos Estados Unidos, país que provavelmente a criou. Seu grande diferencial é a massa, que tem textura mais úmida, ligeiramente mais pesada e cobertura crocante. Esse tipo de bolo, por sua estrutura, cresce pouco também.

cacau – é o fruto do cacaueiro e tem polpa mais doce. Sua amêndoa, torrada e moída, é usada na fabricação do chocolate. Quanto maior o teor de cacau, mais puro é o chocolate.

capim-limão – conhecido como capim-santo ou capim-cidreira, é uma planta rica em compostos com ação antioxidante. É muito usada em sucos e chás para aromatizar receitas doces ou salgadas.

castanha-de-caju – o fruto do cajueiro é rico em antioxidantes e em minerais, como magnésio. É um coringa na culinária vegana, sendo usado em leites, bases de tortas, bolos e receitas doces ou salgadas.

castanha-do-pará – é uma oleaginosa, como as amêndoas e as nozes. Ótima fonte de proteínas, fibras, selênio, magnésio, fósforo, zinco, vitaminas do complexo B e vitamina E. Também é usada em pratos doces ou salgados, mas deve ser consumida com moderação por conta do selênio que, em excesso, pode causar intoxicação.

cranberry – fruto de um pequeno arbusto da América do Norte, já foi cultivado pelos indígenas como alimento e medicamento. Hoje, é apreciado por seu poder antioxidante e pelos benefícios para a saúde em geral. Ideal para usar em doces, pães e vitaminas.

cuca – é um bolo de inspiração alemã, que lembra o tradicional streuselkuchen. A cuca brasileira leva uma cobertura com uma espécie de farofa à base de manteiga e açúcar.

framboesa – esta frutinha tem sabor que lembra o morango. Originária da Ásia, é muito apreciada crua ou na forma de geleias, caldas e na decoração de doces.

frutas cristalizadas – são frutas em pedaços que passam por um processo de desidratação e são cobertas com um xarope de açúcar que, ao secar, as deixam com aspecto vitrificado.

glúten – está presente no interior de vários tipos de grãos, como o trigo. É formado por proteínas que se unem ao amido e dão propriedade elástica às massas. Sua presença causa alergia em pessoas mais sensíveis, sendo proibido para celíacos porque eles desenvolvem uma reação imunológica que gera uma inflamação no intestino ao consumi-lo.

iogurte – a versão vegetal e vegana é em geral produzida a partir dos leites de soja, de coco ou de amêndoas. É rico em probióticos, bactérias do bem, e proteínas.

limão tahiti – apesar do nome, na verdade, não é limão, mas um tipo de lima ácida. Tem casca fina, bem verde e sabor azedo. É ótimo, portanto, para dar sabor marcante a alguns tipos de pratos e marinadas. Neste livro, nos referimos a ele apenas como "limão".

limão-siciliano – grande e amarelado, tem casca grossa. Tem menos suco que os demais, mas é um dos preferidos dos chefs de cozinha para dar sabor a vários pratos da culinária. Ganhou esse nome por ser muito cultivado na região italiana da Sicília.

linhaça – é uma semente muito usada na culinária vegana. É altamente nutritiva e substitui os ovos nas massas, especialmente no preparo de bolos, tortas e panquecas. Rica em fibras e muito nutritiva, enriquece versões vegetais de hambúrgueres, croquetes e quibes. É boa fonte de ômega 3, selênio, ômega 6 e vitamina E.

melado – é um tipo de xarope, preparado no processo de fabricação do açúcar a partir da cana. É um bom aliado da culinária por ser um adoçante muito mais natural e saudável do que o açúcar refinado.

mirtilo – também conhecido como blueberry, é uma frutinha pequena de cor azul. Tem origem no norte da Europa. É muito usada em caldas, pode ser consumida crua e fresca ou como recheio de doces. É rica em vitaminas e antioxidantes que aumentam a imunidade do organismo.

muffin – é um tipo de bolinho que os confeiteiros enquadram entre um bolo e um pão pela textura da massa, que tende a ser mais seca. Surgiu na Inglaterra, por volta do século XVIII. O nome vem de *moffin*, uma adaptação da palavra francesa *mouffet*, pão macio.

nibs de cacau – são fragmentos que surgem durante o processamento das sementes do cacau. Crocantes e com sabor amargo, são muito usados nas receitas de doces para substituir o chocolate. Do ponto de vista nutricional, são ricas em fibras.

nuts – é o nome dado para o grupo de oleaginosas, como nozes, macadâmia, avelãs, castanhas, amêndoas, pistache, amendoins, entre outras.

pão de ló – é um tipo de bolo muito leve, fofo e aerado. Na versão vegana, essa textura é obtida usando a batedeira.

pralinê – é um tipo de preparo que tem o açúcar como base. Em geral, usam-se oleaginosas envolvidas por uma cobertura de açúcar que as deixa com aspecto glaceado e crocante. Ideal para usar em coberturas de receitas doces.

red velvet – na tradução para o português, significa "veludo vermelho". A expressão surgiu no século XVIII, quando os cozinheiros começaram a usar o cacau, que era exportado para vários países, na massa de seus bolos. O fruto dava a cor avermelhada e a textura aveludada à receita. Neste livro, foi criada uma versão superprática à base de beterraba.

rum – bebida alcoólica feita a partir da fermentação do melaço e outros subprodutos da cana e que passa por um processo de destilação. Já existem opções veganas no mercado brasileiro.

tapioca – é um dos produtos obtidos a partir da mandioca ou aipim. A tapioca é obtida da goma e se tornou um ingrediente preferido para quem gosta de preparações leves. Sua versão granulada é em geral usada nas receitas de bolos, por exemplo.

Índice alfabético das receitas